「特別支援教育」のための
園や学校、家庭などでの
取り組み教材

心理学とセラピーから生まれた

発達促進ドリル⑨

手引き

―発達につまずきを持つ子のために―

編・著／湯汲 英史

（早稲田大学 客員教授／言語聴覚士）

発 行／すずき出版

発刊にあたって

はじめに ◇◇◇◇◇◇◇◇◇◇◇◇◇◇◇◇◇◇◇

「子どもの発達は拘束されている」といわれます。

歩くことも話すこともできずに生まれてきた赤ちゃんが、1歳を過ぎた頃から歩けたり、話せたりするようになります。運動の発達では、両足で跳べるのが2歳、スキップができるのが4歳となっています。ことばの面も、1歳は単語、2歳は二語文、3歳になると三語文をまねして言え、5〜6歳では文字の読み書きができるようになります。

例えばある子が"ぼくは歩くのは後でいいから、お絵描きが先に上手になりたい"と思っても、特別のことがない限りそれはできないようになっています。"自分の思うようには進めない、成長できない"だから「発達は拘束されている」と表現されます。

子どもの中には、自然に次々と進むはずの発達が、スムーズにいかない子がいます。遅れがちな子もいます。どうしてそうなのか、はっきりとした原因は分かっていません。

ただ、このような子たちへのさまざまな試みの中で、発達を促すために指導や教育が必要なことが分かってきました。そして、指導や教育が一定の効果をあげることも明らかになってきました。

この『発達促進ドリル』シリーズは、発達心理学、認知心理学などの知見をもとに作られました。特に、実際に発達につまずきを持つ子にとって有効な内容のものを選びました。

★9巻では…

さまざまな場面で理由が言えるように、さらに問題を作りました。理由が言えることは、自分のことを相手に分かってもらうだけではありません。相手への理解にも必要なことといえます。「上手になりたい」という気持ちが強まれば、物事への取り組みが積極的になってきます。そういう意識をはっきりとさせる問題も入れました。合わせて感情のコントロール力をつけ、安定した人間関係を形作るために「怒った声を出さない」も取り上げました。

目的 ◇◇◇◇◇◇◇◇◇◇◇◇◇◇◇◇◇◇◇◇

　このドリルは、子どものことば、認知、数、文字の読み書き、生活、社会性などの面での健やかな発達を求めて作られました。

特色 ◇◇◇◇◇◇◇◇◇◇◇◇◇◇◇◇◇◇◇◇◇

①「手引き」では、各問題を解説しました。"子どもの《発達の姿》"として、発達から見た意味を、"指導のポイント"では、子どもの状態を把握できるようにし、また教え方のヒントも示しました。

②内容によっては正答をまず示し、子どもが質問されている内容や答え方などを分かりやすくしました。また、ドリルの中には、ゆうぎ歌もあります。これは、子どもの興味や社会性を高めるために取り上げました。

③このドリルでは、ことば、認知、数、文字、生活、社会性などの領域の問題を取り上げました。ただそれぞれの領域の問題は、明確に独立したものばかりではありません。ことばと生活がいっしょなど、複数の領域にまたがる内容もあります。

　これは、子どもの暮らしそのものが、多様な領域が渾然一体となっていることからきています。

　例えば「洋服を着る」という場面を考えてみましょう。ある子にとってはこのときに、洋服の名前、着る枚数、洋服の色などとともに、用途や裾を入れるなどマナーも学んでいるかもしれません。つまり、子どもは大人のように領域ごとに分けて学ぶ訳ではないということです。

④このドリルは、1冊に12の課題が含まれています。今回のシリーズは10冊で構成されています。シリーズ合計では、120の課題で構成されています。

お願い

　まずは、子どもの取り組もうという気持ちを大切にしましょう。課題の順番に関係なく、子どもの興味や関心に合わせて、できるテーマから取り組んでください。

　子どもによっては、難しい問題があります。難しくてできないときには、時間をおいて再チャレンジしてください。

湯汲　英史
早稲田大学 客員教授
（社）発達協会 常務理事
言語聴覚士／精神保健福祉士

① ことば （物の名前⑧：複数）

なにの えでしょうか？

ことばかけのポイント

●切片の中には、拡大したり、縮小したりした絵があります。分かりにくいときには、「ちょっと大きいよ」「少し小さいね」と話してください。

●分かりにくいときには、絵に色を塗ると理解しやすくなるでしょう。

子どもの《発達の姿》

動物や乗り物などの図鑑を好んで見るようになると、微妙な形や色の違いで、図鑑の中の動物や物が見分けられるようになります。見る力が高まると同時に、手先も徐々に器用になってきます。それが字を正確に書くことや、工作への興味の高まりにもつながっていきます。

切片の一部分の大きさを、答えの絵と変えたのには理由があります。大小が少々違っても、「同じ」と理解できる力を高めたいと思ったからです。

☆なお、「物の名前」については、
　第1巻「手引き」5ページ（物の名前①）
　第2巻「手引き」4ページ（物の名前②）
　第3巻「手引き」3ページ（物の名前③）
　第4巻「手引き」3ページ（物の名前④）
　第5巻「手引き」3ページ（物の名前⑤）
　第6巻「手引き」3ページ（物の名前⑥）
　第8巻「手引き」3ページ（物の名前⑦）
　を必要に応じてお読みください。

指導のポイント

★違いが分かりにくい

全体か一部に、色を塗ると分かりやすくなります。名称を知らない場合には、名前を教えながら取り組みましょう。

ワンポイントアドバイス

食器を片づける、衣服をたたむ、物を整理整頓するなどには、細部を見つめ、見きわめる力が必要です。暮らしの中で取り組んでこそ、こういった力が自然に育ってくるともいえます。細部を見つめる力は、働く際にも重要な能力になります。見つめる力は、生きる力に直結していくともいえます。

② ことば（用途・抽象語：物の属性②）

こたえは どのえでしょうか？

ことばかけのポイント

●例えば、「食べる」や「話す」などの動詞が分からない場合には、ジェスチャーをしてみせ、理解を促しましょう。

子どもの《発達の姿》

ここでは、物の属性のうちで、動作を示すことばから答えを選ぶ内容にしました。日常的によく使う動作語への理解を確実にするためです。

例えば、「本」にしても、いうまでもなく「読む」だけが属性ではありません。「四角」「紙でできている」「字や絵がある」など、さまざまな属性があります。動作語だけでなく、違った質問の仕方がいくつもありえます。子どもの興味に合わせながら、質問を自作されるとよいでしょう。

物のさまざまな属性や役割、働きに気づくことは、深く理解することにつながります。

指導のポイント

★動作のことばが分かりにくい

動作のことばですが、静止画ではもともと分かりにくいといえます。パソコンを使っての映像教材などには、動画で動作語を教える内容のものがあります。デジタルビデオなどで映像を撮り、自作の教材を作ることも可能です。

ワンポイントアドバイス

動作語がよく分かっていないときには、動きのことばを日常でも使うようにします。実際に、ことばと動作をつなげることで理解を進めます。

☆なお、「物の属性」については、
　第5巻「手引き」4ページ ことば（用途・抽象語：物の属性①）
　も合わせてお読みください。

4

③ ことば（からだの部位④）

こたえは どっち（どれ）でしょうか？

ことばかけのポイント

● 子どもによっては名称が分かりにくい絵があるでしょう。その場合は、部位の名前をあらかじめ教えてください。
● 字が読めない子の場合、大人が読んであげても文章が長すぎて分かりづらいことがあります。そういう場合は区切りをつけながら、ゆっくりと読んでください。

子どもの《発達の姿》

　第1巻「手引き」6ページ ことば（からだの部位②）でも触れましたが、子どもは自分の身体部位の名前を、一度に分かるようにはなりません。この巻では、部位の特徴やその働きを中心とし、それに身体の左右を加えた構成にしました。

　働きへの理解が進めば、身体の中にあってまったく見えない臓器の存在やその機能についても分かってきます。見えない臓器の代表として、心臓と胃の2つを入れました。

指導のポイント

★絵の部位と、自分の身体部位とが結びつかない

　人形を使ったりして、絵と人形の身体部位が同じことを教えましょう。

　心臓や胃など見えない臓器の場合は、人や自分の身体に触れさせながら、身体の中にあることを教えましょう。

ワンポイントアドバイス

　病気のときには、お医者さんに痛いところなどを質問されます。身体部位や臓器の名前が分かることは、自分の身を守ることにもつながります。痛みがある場合も、すごく痛い、ちょっと痛い、ときどき痛いなど、その症状はさまざまです。このような表現法についても、部位や臓器の名前や働きが分かってきたなら、折に触れて教えましょう。

☆なお、「からだの部位」については、
　第1巻「手引き」4ページ（からだの部位①）
　第1巻「手引き」6ページ（からだの部位②）
　第6巻「手引き」4ページ（からだの部位③）
　も合わせてお読みください。

④ ことば （異同弁別ほか：探し物）

かくれています

ことばかけのポイント

● 「隠れている」ということばが分からないときには、「かくれんぼしているね」と言い換えてみましょう。
● 一部分の形だけでは分かりにくい場合もあるでしょう。そのときには、「木のところかな？」という具合に、場所などのヒントを出してみましょう。

子どもの《発達の姿》

子どもは、「いない いない ばあ」を喜び、その後には「かくれんぼ」に夢中になったりします。それと関係しているのでしょうか、精密な絵の中から、特定の人物や物を探し出す絵本に、ある時期から熱中しだす子がいます。

人の気持ちや考えは、内面にあって見えません。隠れているものを探そうという気持ちは、人の内面への気づきと結びついているのかもしれません。内面への気づきと「かくれんぼ」遊びへの熱中は、同じような時期から始まります。隠れているものを探し出そうという意欲が、内面を理解したいという気持ちをはぐくむようにも思えます。

指導のポイント

★隠れているものが探せない

絵に色を塗って、手がかりを増やすと分かりやすくなるでしょう。

ワンポイントアドバイス

子どもが熱中する遊びには、発達のために必要なものが多数あります。

「かくれんぼ」に子どもが熱中する理由ですが、実際にはよく分かっていません。しかし、「かくれんぼ」も発達のために必要な遊びのひとつのように思います。何かを「探しだす力」は生きるうえで、必要不可欠な力であるのは確かです。合わせて、何かを探し出したときの喜びは、真実を理解したいという意欲にも通じることでしょう。「かくれんぼ」遊びを教えたい理由といえます。

5 ことば （疑問詞：なぜ、どうして③ ～理由の表現⑤）

どうして（なぜ）ですか？

ことばかけのポイント

● 子どもから理由のことばが出てこない場合や、理由のことばを選べない場合は、他の理由を挙げてみてもよいでしょう。

● 三択だと分かりにくいときには、二者択一形式にしてみましょう。

子どもの《発達の姿》

「～をしよう」とか「～がしたい」と、相手に言う段階があります。これだけでは、子どもが何でそう思うのかが分かりません。そこで周りは、「どうして？」「なんで？」と質問します。そのやりとりのなかで、子どもは理由の大切さや、適切な内容でないと相手に分かってもらえないことを学ぶのでしょう。「～しよう」から、「○○だから～をしよう」というように、提案の前に理由をつけるようになります。

仲間同士での話し合いでは、理由の適否が重要なポイントになります。ところが、理由の大切さが分からない子がいます。あるいは理由らしきことは言えても、適切な表現でないために、相手に分かってもらえない子がいます。当然ですが、相手からの理解が得られなければ、自分の提案は聞いてもらえないことが多くなります。拒否される体験が積み重なるうちに、「だれも話を聞いてくれない」と怒ったり、「みんなから嫌われている」と思い込んだりする場合があります。理由の大切さや、適切な表現を教えなければいけないのは、それができないと相手から分かってもらえないことにあります。合わせて、理由を考えることは自分の考えをまとめるなど、思考力を高めることにもつながります。

なお、子どもによっては、大人からみれば「個人的な」「個性的な」理由のために分かりにくい場合もあるでしょう。表現が未熟なことも多く、大人は子どもの話をよく聞く必要があります。

ワンポイントアドバイス

理由が言えない場合は、二者択一で選ばせるなどして、理由の表現を定着させましょう。理由が言えるようになると、子どもの思いや考えが、周りに分かりやすくなります。このことが、コミュニケーションへの意欲や能力を高めることになるでしょう。

合わせて、周りとの無用なトラブルを減らすことにもつながります。

☆なお、「疑問詞：なぜ、どうして ～理由の表現」については、
第7巻「手引き」5ページ（理由の表現③）
第8巻「手引き」5ページ（理由の表現④）
も合わせてお読みください。

6 ことば （文作り：振り返り② ～何をした？②）

なにを しましたか？

ことばかけのポイント

●文章が覚えられない場合には「1は○○、2は□□」というように、覚えるべき内容とその数を強調して伝えましょう。

●自分の体験だけではなく、周りの人や動物を主人公にした物語を入れました。分かりにくい場合には、「お母さんだよ」などと、主語の部分を強調してみましょう。

子どもの《発達の姿》

　自分のことを振り返る力がついてくるとともに、周りの人や動物などの行動も記憶できるようになります。そのような力が高まると、「○○は、～したよね」といった表現が聞かれるようになります。写真やビデオ映像を見ているかのように記憶し、実際の出来事を思い出して話せることもあります。子ども時代に特有の、映像的な記憶が残りやすいことが影響しています。映像の再現性が強い子の中には、嫌な出来事などでもリアルに思い起こしてしまうのか、恐怖症ともいえる姿を見せる場合もあります。安心感を与えることばかけとともに、生活する上で支障になるようならば、恐怖の対象にある程度は慣れさせることも考えた方がよいでしょう。

ワンポイントアドバイス

　周りの人に興味が薄い子の場合、日常的に「人が何をしているのか」に目を向かせるようにしましょう。そして行動などをことばで表現させましょう。

7 ことば（自他の分離：上手になりたいこと）

どちらが じょうずに なりたいですか？

🧸 ことばかけのポイント

●子どもによってはひとつにしぼれない場合があり、「どっちも」「ぜんぶ」と答えたりします。よく考えないで答えている場合は、「ひとつだよ」と言い、再考を促しましょう。また、本当にみんな上手になりたいと思っているようならば、「みんな上手になりたいんだ、すごいね」といって子どもの意欲を認めましょう。

子どもの《発達の姿》

　自分の得手、不得手が分かりだすと同時に、「上手になりたい」という気持ちと対象が明確になってきます。ただ子ども時代は、上手になりたいことが変わることも珍しくありません。得手、不得手も主観的なことが多く、上手になりたいことも周りの影響を受けやすく、固定的ではないのが子どもともいえます。いろいろなことに興味、関心が向き好奇心が旺盛な子ども。子どもは、大人になるまでにできたり、分かったりしなくてはいけないことが多く、それを支える原動力のひとつが好奇心なのでしょう。大人は、子どものことばは移ろいやすいと思いながら聞くことも必要のようです。

指導のポイント

　興味を持つ範囲が狭い場合には、実際に体験させるなどして、対象を広げるようなかかわりを持ちたいものです。「食わず嫌い」という場合もあるからです。ただ、興味の対象が狭く、しかし深くかかわっていくというタイプの子もいて、そういう子の場合には無理強いは逆効果になってしまう場合もあります。

セラピー室から①
感情的に叱る

　「だめ」というときに、親が子どもを感情的に叱るという相談を受けます。子どもにはやさしく接するべき、という考え方が主流です。叱る親は目立ちます。ただ感情的に叱るからといって子どもが嫌いではなく、好きなのかもしれません。かわいい、だけどしつけも含め教え方が分からない、この気持ちの混乱が、感情的な叱り方の一因にあるように思います。

　さて大人が、子どもに「だめ」という場合を目的別に分類してみます。幼児期から学童期にかけては以下の6つに分けられるようです。

①危険を回避させる
　（例）「だめ、あぶない！」
②取るべき行動を教える
　（例）「立っちゃだめ。座っているのよ」
　　　　「なげちゃだめ」
③手順・方法について修正提案する
　（例）「だめ、それじゃちゃんとできないよ」
④感情のコントロール力をつけさせる
　（例）「だめ、怒った声で言わない。怖いよ」
⑤他の人の気持ちに対する配慮を促す
　（例）「だめ、そんな言い方では相手が悲しくなる」
⑥子どもの考え方のおかしさを指摘する
　（例）「だめ、そんな考え方はおかしい」

8 文字 （形の見分け・文字：文字を読む②）

しりとり しましょう

ことばかけのポイント

- ●字を書くのが難しい場合には、入ることばを言うように促しましょう。
- ●答えが出てこないときには、ヒントのことばを言ってあげましょう。
- ●字が浮かんでこなかったり、間違えたりするときには、「あいうえお表」などを見せながら行いましょう。

子どもの《発達の姿》

　しりとり遊びに興味を持ちだす時期があります。しりとり遊びをしながら、ひとつの音がいろいろなことばに使われていることを理解しだします。そして多くの子の場合、その音が、ひとつのひらがな（文字）に対応していることも分かってきます。（このことを「音節分解」ともいいます）

　しりとり遊びに熱中する子どもの姿には、ことばを理解し、それを自由に操ろうとする気持ちがうかがえます。

指導のポイント

★しりとりのやり方が分からない

　分からない場合には、全部の文字を書いて聞かせたり読ませたりして、しりとりのやり方への理解を促します。分かってきたようならば、少しずつ文字を隠していきます。

☆なお、「文字を読む」については、
　第8巻「手引き」8ページ　文字（形の見分け・文字：文字を読む①）
　も合わせてお読みください。

　感情を込めて、はっきりと言わなくてはいけないのは、①の場合でしょう。やさしい声では子どもは危険を感じません。

　②は1歳を過ぎた頃から使いますが、強すぎると子どもは混乱します。

　③は2歳前後から使いますが、子どもが反抗的な態度を取れば、大人の方が怒り口調になりがちです。ただ手順や方法を教えるのですから冷静さが必要です。

　④〜⑥は、感情的に怒ることではありません。教える、たしなめる、さとす、がふさわしいでしょう。「感情的な叱り方」と周りが感じるのは、伝える内容と口調がミスマッチしているからです。

　では子どもに「だめ」と言わない親は「よい親」なのでしょうか。もしかしたら①〜⑥についてきちんと子どもに伝えられず、育児

に自信がないのかもしれません。感情的に叱る、「だめ」と言えない、両者の根っこにあるのは育児への自信喪失です。

　自信が持てない日々が繰り返され、いつの間にか自己嫌悪が募り、育児の放棄や親自身がうつ状態へと進むことも考えられます。まずは親の不安や混乱への理解が、周りには求められています。

⑨ 文字（空間把握：なか、そと）

どっちでしょうか？

ことばかけのポイント

●絵だけでは分かりにくい場合は、実際に家や教室の内外に子どもを立たせてみて、理解を促しましょう。

子どもの《発達の姿》

　内外を決める境界線には、壁や車体、門扉、敷石、白線などさまざまなものがあります。区切りにはどういうものがあるのか、実際に教えないと分かりにくい場合も多いでしょう。

　「ウチ」と「ソト」は単に空間的なものばかりではなく、ウチの人（ウチの家族、私の夫など）、ソトの人（家族や仲間、同僚以外の人）というように、血縁や心理面などでの関係性の違いを示す意味でも使われるようになります。仲間や大人を意識するようになると、子どもの相手に対する言動が、「ウチ」と「ソト」で変わってきたりします。

ワンポイントアドバイス

　家族（ウチ）のことを、悪口も含めて他の人に平気で話してしまう子がいます。こういう場合は、「ウチのことは人にしゃべらない」ようにたしなめた方がよいでしょう。家族のことを話す子は、「ウチ」の意識が弱く、仲間のことも平気で周りに話す可能性があります。仲間の話も度が過ぎると、密告したと誤解されることもあります。ウチの人のことを、必要以上に人に話さないことを教えることは、密告というような誤解を未然に防ぐ意味があります。

☆なお、「空間把握」については、
　第3巻「手引き」9〜10ページ（上下①②）
　第4巻「手引き」9ページ（そば）
　第6巻「手引き」9ページ（前後）
　も合わせてお読みください。

コラム 「セラピー室から②」
兄弟姉妹の関係

　最近、兄弟姉妹の仲がよくない、それも激しく悪いという相談を、複数受けています。

　小3のAくんは不登校気味です。この子は、小1の弟を眼の敵にし、弟の姿を見ただけでなぐったり、蹴ったりするそうです。このために、兄と弟を1階と2階の部屋に分け暮らしています。

　Aくんはぼそぼそと話し、自信なげな印象です。この子が弟に、狂ったように乱暴を繰り返す姿は想像できないほどです。

　小5のBくんは、小2の妹をしつこくからかい、気分によっては乱暴するといいます。お母さんはBくんのことを高く評価しており、「この子はできるのに勉強しない」と、何の疑いもなく相手に話します。どういう根拠があって「できる」と思うのか、実際にはよく分かりません。学校ではひとり勝手な行動が多く、ときに教師に乱暴したりしています。

　中3のCくんは、年子の弟とそりが合いません。学校の成績は弟にはかなわないレベルで、弟が自分のことをバカにするそうです。お母さんは、ケンカの原因を兄がADHD（注意欠陥・多動性障害）だからと考えています。確かに、小学校3年生までは落ち着かず、衝動的な姿もありました。しかし今は、運動好きの好印象の中学生です。

赤ちゃんの扱い方を教え、乱暴は許さない

　小3のAくんは、3〜4歳頃は弟の世話をやきたがったそうです。やさしい気持ちはあっても、赤ちゃんは自分の思い通りにはなりません。嫌がって泣いたり騒いだりもします。このときに大人が気持

⑩ 数 （順位数・序数：順位数②）

どれでしょうか？

🐻 ことばかけのポイント

●「多少の問題」には、集合数と順位数の２つの要素が含まれています。分かりにくい場合には、集合数を数字で書いて、分かりやすく示すなどの工夫をしてみましょう。

子どもの《発達の姿》

順番や順位への理解は、社会生活を送る上で不可欠のことといえます。特に順位は、主観的評価ではなく、集団内での客観的な評価と位置を示します。順位にとらわれ過ぎるのは問題かもしれませんが、自分や他の人のことを知るためには重要な物差しといえます。具体物を見比べて、その順番をあてるなどの体験が、順位を理解するためには必要なのだと思います。

ワンポイントアドバイス

大きい順に並べる、同じ形のものをそろえ順番に片づけるなど、日常生活での体験が順番や順位の確かな理解につながっていくでしょう。

☆なお、「順位数」については、
　第７巻「手引き」11 ページ 数（順位数①）
　も合わせてお読みください。

ちを認めつつ、実際に赤ちゃんの扱い方を教える必要があります。こういう配慮がなく、近づいただけで怒られたりすれば赤ちゃんに憎しみを持つかもしれません。何よりも問題なのは、こういう乱暴を長期間にわたり許す、親の姿勢です。

子どもを過剰に高く評価しない

Ｂくんの場合は、親が兄弟間にランクをつけていることが問題です。

そのランクが高いと思う、兄のＢくんに好き勝手を許せば、自制心は育ちません。教師への暴力は、自分が上下関係の上にいると勘違いしている可能性があります。思春期に入ろうとする現在、とても危険な状態といえます。

病気のせいにしない

子どもの行動を、何でも病気のせいにする風潮があります。

Ｃくんのお母さんも、ケンカの原因を、ＣくんがADHDだからと考えてしまっています。しかし、兄弟ゲンカはＣくんが学業不振で、家族の中で自分が認められないことにも原因があります。Ｃくんの運動好きな点を評価してあげ、兄弟間の調整を促す必要があります。

だれが きめる（する）のでしょうか？

ことばかけのポイント

●子どもによっては、表現が分かりずらいこともあります。分かりにくい場合には、ことばを言い換えてみましょう。

●「決定権」と「役割の遂行」の両者の問題があります。両方とも理解させたい問題の場合には、子どもに分かりやすいように質問文を工夫しましょう。

子どもの《発達の姿》

決定権は見えませんが、自分にあると信じていれば思い通りに運び便利です。ただ、子どもに決定権を許してしまうのは、おおむね親などに限られます。他の大人や子どもの目には、何でも自分の思い通りにしようとする子どもの姿は、大概の場合はわがままにしかうつらないでしょう。当然ですが、子どもは他の大人や子どもと上手にかかわることができず、社会性を成長させる機会も少なくなってしまいます。本来は、社会性に問題があるのですから、人とかかわる機会を増やす必要があります。その機会が減少することで、社会性が伸びないという悪循環が起こってしまいます。この悪循環を断つためには、決定権への誤解をさまざまな場面をとおして、断ち切る必要があります。

ワンポイントアドバイス

決定権を持たせないように、子育てや教育の場面で、大人はいつも意識して子どもと対応する必要があります。

☆なお、「～の仕事」については、
第4巻「手引き」13ページ（～の仕事①）
第7巻「手引き」13ページ（～の仕事②）
も合わせてお読みください。

⑫ 社会性 （感情のコントロール力：怒った声を出さない）

どちらが よいでしょうか？

ことばかけのポイント

●絵の表情だけでは「怒っている」ことが分かりにくい場合には、「怒っているね」と説明しましょう。

●怒っていない絵も分かりにくい場合があります。「静かにお話ししているね」「やさしくお話ししているよ」とことばを添えてみましょう。

子どもの《発達の姿》

　喜怒哀楽の感情ですが、一般的には１〜２歳頃からはっきりしだすとされます。感情の分化にともない、うれしい、楽しい、さみしいということばが３歳前後から聞かれるようになります。「いやなの？」「怒っている？」「悲しいの？」という相手の気持ちへの問い合わせは、３歳半ば以降から女の子ではよく聞かれるようになってきます。この頃から、気持ちのことばを使い、相手の内面を確認したり推測したりする能力が急速に高まります。

　「怒っている？」と繰り返し問い合わせをする子は、その気持ちに気づき始め、興味を持っている場合もあります。ただ、それが長く続くようだと、人の表情などから「怒り」を読み取りやすくなっているかもしれません。こういう子には、「怒ってないよ、だいじょうぶ」といって、修正させた方がよいでしょう。

　表情と、本人の気持ちがストレートに結びついていない子がいます。顔の表情は普通にしか見えないのに、内心の気持ちはうれしかったり、悲しかったりしています。こういう子では、相手の表情を読み取ることも苦手なことが多いとされます。

　相手が怒っているのに、平気で自分を主張し続ける子がいます。このことが、相手の怒りをさらにかきたて、トラブルにつながったりします。こういう場合は、写真や絵、映像などを使って、表情の読み取りや、自分の気持ちを表現する訓練が必要です。

　怒りの感情が強く、たびたび出てしまう子の場合には、自己コントロールができるように注意する必要があります。怒りのコントロールができないと、当然ですが人間関係を結ぶのが難しくなってしまいます。いつ怒り出すか分からないような相手とは、子どもも大人も同じですが、安定的なかかわりが持てないからです。

心理学とセラピーから生まれた 発達促進ドリル 10巻内容一覧

※内容は、一部変更される場合があります。ご了承ください。

項目	1巻	2巻	3巻	4巻	5巻	6巻	7巻	8巻	9巻	10巻
A.ことば										
擬音語	擬音語①指さし	擬音語②								
物の名前	物の名前①	物の名前②	物の名前③	物の名前④	物の名前⑤(2切片)	物の名前⑥(3・4切片)		物の名前⑦(5切片)	物の名前⑧(複数)	
用途・抽象語（用途）	用途①			用途②						
抽象語				抽象語①			抽象語②			
物の属性						物の属性①			物の属性②	
からだの部位	からだの部位①②			からだの部位③					からだの部位④	
異同弁別（ほか）・おなじ	おなじ				ちがう①②	間違い探し①	間違い探し②	間違い探し③	探し物	欠所探し
疑問詞		何	だれ	どこ	いつ	どうやって	なぜ、どうして①	なぜ、どうして②	なぜ、どうして③	なぜ、どうして④
（表現など）				確認・報告	(表現)①	(様子の表現)②	(理由の表現)③	(理由の表現)④	(理由の表現)⑤	(理由の表現)⑥ (明日は何をする?)
叙述・説明						叙述・説明①		叙述・説明②		叙述・説明③
振り返り							振り返り① (何をした?①)	振り返り② (何をした?②)		
得意・苦手							得意なこと	苦手なこと	上手になりたいこと	
文作り	二語文理解①	二語文理解②	助詞①②	助詞③	助詞③					
B.文字										
自他の分離			自他の分離①	自他の分離①		自他の分離②				
※短期記憶		2つ			文の記憶①		文の記憶②			文の記憶③
形の見分け・文字		形の見分け	形の見分け①	形の見分け②			文字を読む①	文字を読む②	文を読む	字を書く
模写（線を引く）	線を引く①			線を引く②						
C.数										
空間把握				上下①②	そば	前後				
数字					数字(レジスターなど)		数字①			数字②
比較	大小比較①	大小②	大小③		高低	長短	多少①	多少②		
数唱					数唱(5まで)		数唱(10まで)			
集合数					集合数①			集合数②		集合数③
順位数（序数）						順位数①			順位数②	
合成と分解					合成と分解①		合成と分解②③			
D.社会性										
模倣・ルール	いっしょに①	いっしょに②	あげる—もらう①	順番・ルール①②	あげる—もらう②	順番と待つ態度	順番と待つ態度			
思いやり	はんぶんこ①		はんぶんこ②		小さな声で言う	「かして」と言う	「かいて」と言う	わざとじゃない		怒った声を出さない
生活		~して、~やって	口を拭く、手を洗う、顔を洗う／歯磨き	排泄		洗顔				
役割を果たす		大事・大切	~して、~やって	~の仕事①		~の仕事②	~の仕事③	~の仕事③	~の仕事	一般知識
感情のコントロール力	そっと		手はおひざ	残念・仕方ない	~かもしれない					道徳①②
問題数	12	12	12	12	12	12	12	12	12	12

※参考文献等は、10巻目で紹介します。

1. なにの えでしょうか？

みぎの えは なにの えでしょうか？
ひだりの えを まるで かこみましょう。

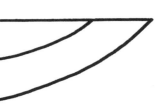

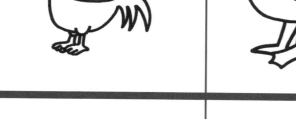

1. なにの えでしょうか?

ことば（物の名前⑧：複数）

みぎの えは なにの えでしょうか?
ひだりの えを まるで かこみましょう。

1. なにの えでしょうか?

みぎの えは なにの えでしょうか?
ひだりの えを まるで かこみましょう。

1. なにの えでしょうか?

ことば（物の名前⑧：複数）

みぎの えは なにの えでしょうか?
ひだりの えを まるで かこみましょう。

 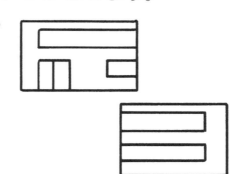 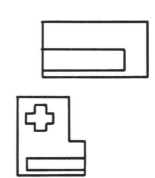

  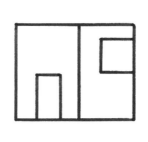  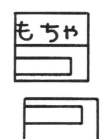

  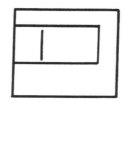 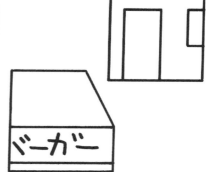

★ただしい えを まるで かこみましょう。

◆よむのは どれでしょうか？

 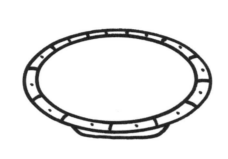 

◆たべるのは どれでしょうか？

◆うごくのは どれでしょうか？

  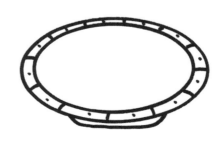

2. こたえは どのえでしょうか?

★ただしい えを まるで かこみましょう。

◆さすのは どれでしょうか?

◆きるのは どれでしょうか?

◆かくのは どれでしょうか?

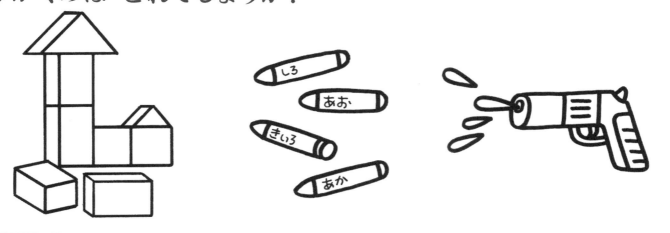

2. こたえは どのえでしょうか?

★ただしい えを まるで かこみましょう。

◆のるのは どれでしょうか?

◆すべるのは どれでしょうか?

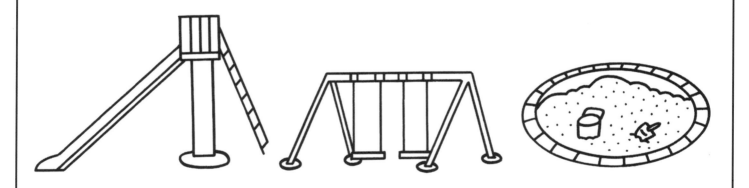

◆つくっているのは どれでしょうか?

2. こたえは どのえでしょうか？

ことば（用途・抽象語：物の属性②）

★ただしい えを まるで かこみましょう。

◆はなすのは どれでしょうか？

◆あがるのは どれでしょうか？

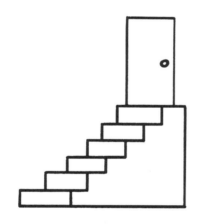 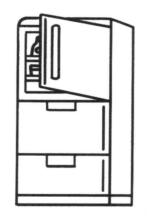 

◆のぼるのは どれでしょうか？

3. こたえは どっち（どれ）でしょうか？

ことば（からだの部位④）

★えを まるで かこみましょう。

◆みぎては どっちでしょうか？

◆ひだりの みみは どっちでしょうか？

◆みぎの めは どっちでしょうか？

3. こたえは どっち (どれ) でしょうか?

ことば (からだの部位④)

★えを まるで かこみましょう。

◆かばんを もつのは どれでしょうか?

◆じてんしゃを こぐのは どれでしょうか?

◆くるまを うんてんするのは どれでしょうか?

3. こたえは どっち (どれ)でしょうか?

ことば (からだの部位④)

★えを まるで かこみましょう。

◆あせを かくのは どれでしょうか?

◆いきを はくのは どれでしょうか?

◆ときどき きるのは どれでしょうか?

3. こたえは どっち（どれ）でしょうか？

ことば（からだの部位④）

★えを まるで かこみましょう。

◆たべたり のんだりするのは どれでしょうか？

◆ちを からだじゅうに おくるのは どれでしょうか？

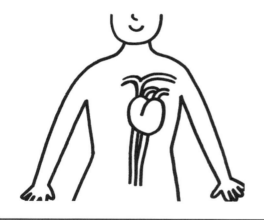 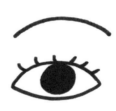

◆たべものを えいようにするのは どれでしょうか？

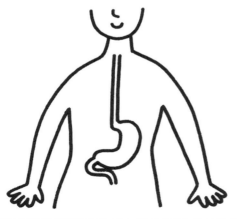 

4. かくれています

ことば（異同弁別ほか：探し物）

いぬが 3 びき かくれています。
みつけて まるで かこみましょう。

4. かくれています

ねこが 3びき かくれています。
みつけて まるで かこみましょう。

4. かくれています

ことば（異同弁別ほか：探し物）

こどもが　4にん　かくれています。
みつけて　まるで　かこみましょう。

4. かくれています

ことば（異同弁別ほか：探し物）

スプーンが 4ほんあります。
みつけて まるで かこみましょう。

5. どうして（なぜ）ですか？

ことば（疑問詞：なぜ、どうして③ ～理由の表現⑤）

「テレビが みたいです」

どうして（なぜ）ですか？ みぎの ばんごうを まるで かこみましょう。

① おもしろいから

② あついから

③ おいしいから

「トランプが したいです」

どうして（なぜ）ですか？ みぎの ばんごうを まるで かこみましょう。

① おいしいから

② みんなと あそべるから

③ よめるから

「サッカーが したいです」

どうして（なぜ）ですか？ みぎの ばんごうを まるで かこみましょう。

① みんなと あそべて たのしいから

② みんなと およげるから

③ みんなと いけるから

5. どうして（なぜ）ですか？

ことば（疑問詞：なぜ、どうして③〜理由の表現⑤）

「いっしょに かけっこしよう」
どうして（なぜ）ですか？ みぎの ばんごうを まるで かこみましょう。

① まずいから

② たのしいから

③ うたえるから

「いっしょに ボールで あそぼう」
どうして（なぜ）ですか？ みぎの ばんごうを まるで かこみましょう。

① はしれるから

② つくれるから

③ おもしろいから

「いっしょに つくろう」
どうして（なぜ）ですか？ みぎの ばんごうを まるで かこみましょう。

① たのしいから

② のれるから

③ わらえるから

5. どうして（なぜ）ですか？

ことば（疑問詞：なぜ、どうして③〜理由の表現⑤）

「ほんを かしてください」

どうして（なぜ）ですか？ みぎの ばんごうを まるで かこみましょう。

① あそびたいから

② ねたいから

③ よみたいから

「えんぴつを かしてください」

どうして（なぜ）ですか？ みぎの ばんごうを まるで かこみましょう。

① たべたいから

② かきたいから

③ さむいから

「かさを かしてください」

どうして（なぜ）ですか？ みぎの ばんごうを まるで かこみましょう。

① あそびたいから

② あめが ふっているから

③ いろぬりをしたいから

5. どうして（なぜ）ですか？

ことば（疑問詞：なぜ、どうして③ 〜理由の表現⑤）

「こうえんに いきたいです」
どうして（なぜ）ですか？ みぎの ばんごうを まるで かこみましょう。

① あそびたいから

② ゾウが みたいから

③ ひこうきに のりたいから

「どうぶつえんに いきたいです」
どうして（なぜ）ですか？ みぎの ばんごうを まるで かこみましょう。

① ゾウが みたいから

② はしれるから

③ うたえるから

「がいこくに いきたいです」
どうして（なぜ）ですか？ みぎの ばんごうを まるで かこみましょう。

① さわれるから

② がいこくのことを しりたいから

③ きれいだから

6. なにを しましたか?

ことば（文作り：振り返り②〜何をした？②）

「ほんを よんで そのあとに テレビを みました」
なにを しましたか? したことを まるで かこみましょう。

「かいものに いき
そのあとに りょうりを てつだいました」
なにを しましたか? したことを まるで かこみましょう。

6. なにを しましたか?

ことば（文作り：振り返り② ～何をした？②）

「おかあさんは かいものにいき りょうりをしました」
なにを しましたか? したことを まるで かこみましょう。

「おとうさんは くるまをうんてんし そのあとに ほんを よみました」
なにを しましたか? したことを まるで かこみましょう。

6. なにを しましたか？

「せんせいは ほんをよみ こくばんに じを かきました」
なにを しましたか？ したことを まるで かこみましょう。

「ともだちと サッカーをして うたを うたいました」
なにを しましたか？ したことを まるで かこみましょう。

6. なにを しましたか?

ことば（文作り：振り返り②〜何をした？②）

「あかちゃんが ないて おしめを かえてもらいました」

なにを しましたか? したことを まるで かこみましょう。

「いぬが ほえ はしりまわりました」

なにを しましたか? したことを まるで かこみましょう。

ことば（自他の分離：上手になりたいこと）

どちらが じょうずに なりたいですか？
□のなかに まるを かきましょう。

えを かく □　　　うたを うたう □

どちらが じょうずに なりたいですか？
□のなかに まるを かきましょう。

なわとびをする □

およぐ □

どちらが じょうずに なりたいですか？
□のなかに まるを かきましょう。

じかんが わかる □

じを かく □

7. どちらが じょうずに なりたいですか?

ことば（自他の分離：上手になりたいこと）

どちらが じょうずに なりたいですか?
□の なかに まるを かきましょう。

ボールを なげる □　　かけっこをする □　　てつぼうで
あそぶ □

どちらが じょうずに なりたいですか?
□の なかに まるを かきましょう。

サッカー □　　スケート □　　ピンポン □

どちらが じょうずに なりたいですか?
□のなかに まるを かきましょう。

りょうり □　　うたを うたう □　　パソコン □

どちらが じょうずに なりたいですか?
□のなかに まるを かきましょう。

ともだちと なかよく
あそぶ □　　ひとりで ほんを よむ □

しりとりです。 □のなかに もじを いれましょう。

あ□ → □す → すい□ →

→ □らす → すず□ → □がね

ねこ

8. しりとり しましょう

しりとりです。 □のなかに もじを いれましょう。

さか□ ➡ □し ➡ し□ ➡

➡ □かし ➡ しまう□ ➡ □ゆげ

8. しりとり しましょう

文字（形の見分け・文字：文字を読む②）

しりとりです。 □のなかに もじを いれましょう。

は ぶ ら □ → □ お → お ひ さ □ →

→ □ と → と ま □ → □ け い → い □ →

→ □ た が し → し し ま □ → □ け

31

8. しりとり しましょう

文字 (形の見分け・文字：文字を読む②)

しりとりです。□のなかに もじを いれましょう。

か□ → □い → いち□ →

→ □りら → らっ□ → □んだ →

→ だる□ → □すく → く□ →

→ □みき → きりん

9. どっちでしょうか?

★□のなかに ばんごうを かきましょう。

◆いえの なかは どっちでしょうか? □

◆いえの そとは どっちでしょうか? □

1

2

9. どっちでしょうか？

文字（空間把握：なか、そと）

★ □のなかに ばんごうを かきましょう。

◆くるまの そとは どっちでしょうか？　　□

◆くるまの なかは どっちでしょうか？　　□

1

2

9. どっちでしょうか?

文字（空間把握：なか、そと）

★□の なかに ばんごうを かきましょう。

◆こうえんの そとは どっちでしょうか? □

◆こうえんの なかは どっちでしょうか? □

9. どっちでしょうか?

文字（空間把握：なか、そと）

★□のなかに ばんごうを かきましょう。

◆もんの なかは どっちでしょうか?

◆もんの そとは どっちでしょうか?

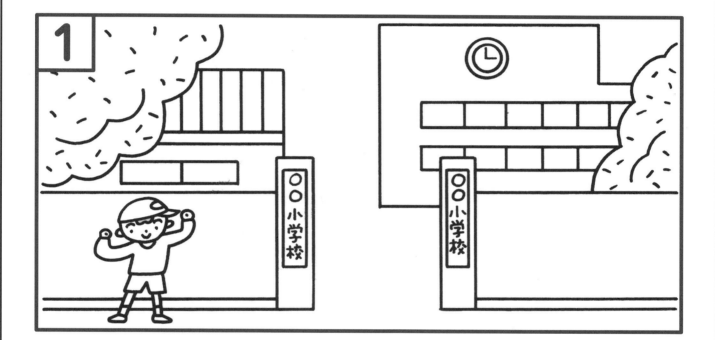

10. どれでしょうか？

★ただしい えを まるで かこみましょう。

◆「いちばん おおきい」のは どれでしょうか？

◆「いちばん ちいさい」のは どれでしょうか？

◆「にばんめに おおきい」のは どれでしょうか？

10. どれでしょうか？

数（順位数・序数：順位数②）

★ただしい えを まるで かこみましょう。

◆「にばんめに ながい」のは どれでしょうか？

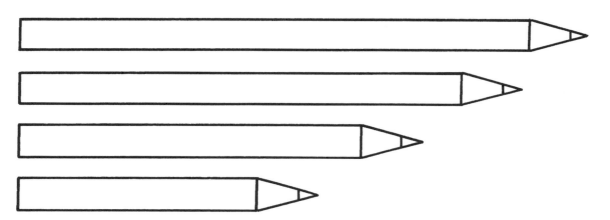

◆「にばんめに みじかい」のは どれでしょうか？

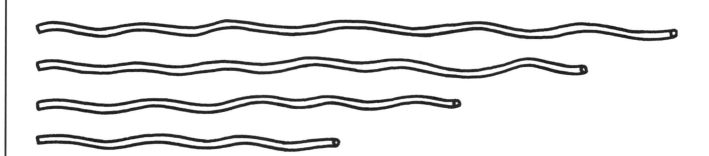

◆「いちばん ながい」のは どれでしょうか？

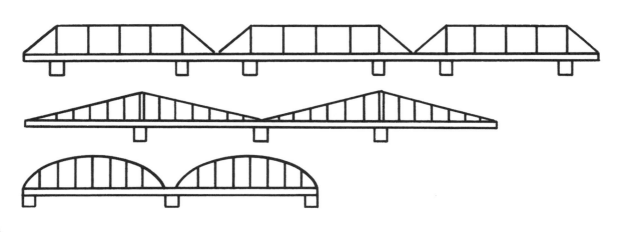

10. どれでしょうか?

数（順位数・序数：順位数②）

★ただしい えを まるで かこみましょう。

◆「いちばん ひくい」のは どれでしょうか？

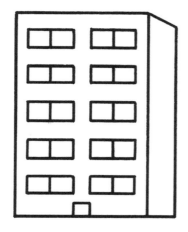  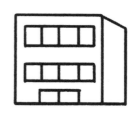

◆「いちばん たかい」のは どれでしょうか？

◆「にばんめに たかい」のは どれでしょうか？

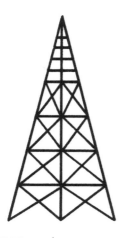  

10. どれでしょうか?

数（順位数・序数：順位数②）

★ただしい えを まるで かこみましょう。

◆「いちばん おおい」のは どれでしょうか?

 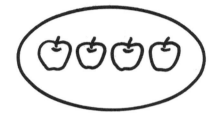 

◆「いちばん すくない」のは どれでしょうか?

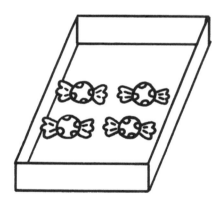 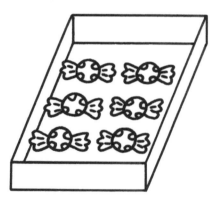 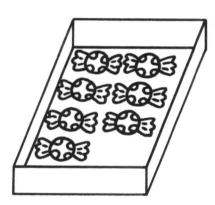

◆「にばんめに おおい」のは どれでしょうか?

  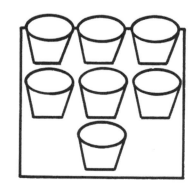 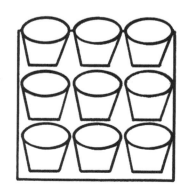

11. だれが きめる（する）のでしょうか?

★□のなかに まるを つけましょう。

◆「おみせの おしまいの じかんを きめる」のは
だれが きめるのでしょうか?

□ おみせのひと　　□ こども

◆「でんしゃの じかんを きめる」のは
だれが きめるのでしょうか?

□ こども　　□ えきいんさん

11. だれが きめる（する）のでしょうか?

社会性（役割を果たす：〜の仕事③）

★ □のなかに まるを つけましょう。

◆「することを きめる」のは
だれが きめるのでしょうか?

□ せいと　　□ せんせい

◆「せんしゅを きめる」のは
だれが きめるのでしょうか?

□ かんとく　　□ こども

11. だれが きめる（する）のでしょうか?

社会性（役割を果たす：〜の仕事③）

★ □のなかに まるを つけましょう。

◆「かかりを きめる」のは
だれが きめるのでしょうか?

□ せんせい　　　□ せいと

◆「きめられた おてつだいを する」のは
だれが するのでしょうか?

□ おとな　　　□ こども

11. だれが きめる (する) のでしょうか?

社会性 (役割を果たす：〜の仕事③)

★ □のなかに まるを つけましょう。

◆「でんしゃの うんてんをする」のは
だれが するのでしょうか?

□ うんてんしゅ　　□ こども

◆「レストランで りょうりを つくる」のは
だれが するのでしょうか?

□ こども　　□ コック

12. どちらが よいでしょうか？

社会性（感情のコントロール力：怒った声を出さない）

★□のなかに まるを つけましょう。

どちらが よいでしょうか？

おこったこえで はなす

しずかに はなす

どちらが よいでしょうか？

しずかに いう

おこったこえで いう

12. どちらが よいでしょうか?

社会性（感情のコントロール力：怒った声を出さない）

★□のなかに まるを つけましょう。

どちらが よいでしょうか?

しずかに はなす

おこったこえで はなす

どちらが よいでしょうか?

おこったこえで いう

しずかに たべる

12. どちらが よいでしょうか?

社会性（感情のコントロール力：怒った声を出さない）

★ □のなかに まるを つけましょう。

どちらが よいでしょうか?

おおごえで はなす

しずかに はなす

どちらが よいでしょうか?

しずかに よむ

おおごえで はなす

12. どちらが よいでしょうか?

社会性（感情のコントロール力：怒った声を出さない）

★□のなかに まるを つけましょう。

どちらが よいでしょうか?

おこったこえで はなしながら あるく

しずかに あるく

どちらが よいでしょうか?

ふざけて あそぶ

ちゃんと およぐ